AF366163

9 786144 629963

جُحَا وَحِمَارُ الوَالِي

قصة د. طارق البكري

رسوم إيـاد عيساوي

دار الـرُّقـي
للطبـاعة والنشر والتوزيع

قَامَ جُحَا بِزِيَارَةِ صَدِيقٍ لَهُ يَعْمَلُ وَزِيرًا عِنْدَ الوَالِي فِي بَلْدَةٍ بَعِيدَةٍ... وَكَانَ يَحْكُمُ هَذِهِ البَلْدَةَ وَالٍ لَا يُمَيِّزُ بَيْنَ الحَقِّ وَالبَاطِلِ..

وَبَعْدَ وُصُولِ جُحَا طَلَعَ فِي رَأْسِ الوَالِي أَنْ يُعَلِّمَ حِمَارَهُ حُرُوفَ الِهجَاءِ..

بأمر الوالي

فَاسْتَدْعَى كَبِيرَ الْحُكَمَاءِ وَطَلَبَ مِنْهُ تَعْلِيمَ الْحِمَارِ.. فَاسْتَنْكَرَ الْحَكِيمُ هَذَا الْكَلَامَ.. وَقَالَ لَهُ: حِمَارٌ وَيَتَعَلَّمُ؟؟ لَمْ نَسْمَعْ عَنْ مِثْلِ ذَلِكَ فِي حَيَاتِنَا وَلَا فِي حَيَاةِ آبَائِنَا..!

فَغَضِبَ الوَالِي وَأَمَرَ بِسَجْنِ العَالِمِ..
ثُمَّ أَعْلَنَ أَنَّهُ سَيُقَدِّمُ مُكَافَأَةً عَظِيمَةً لِمَنْ يَقُومُ بِتَعْلِيمِ حِمَارِهِ
حُرُوفَ الهِجَاءِ.. الَّتِي يَجْهَلُهَا الوَالِي نَفْسُهُ...

سَمِعَ جُحَا هَذَا الإِعْلَانَ فَقَرَّرَ الذَّهَابَ إِلَى الوَالِي عَلَى أَسَاسِ أَنَّهُ مُعَلِّمٌ قَدِيرٌ لِلْحَمِيرِ وَالبَهَائِمِ..

وَقَالَ جُحَا لِلْوَالِي إِنَّهُ مُغْرَمٌ بِتَعْلِيمِ الحَمِيرِ، وَلَدَيْهِ مَدْرَسَةٌ كَبِيرَةٌ فِي بِلَادٍ بَعِيدَةٍ تُعَلِّمُ الحَمِيرَ الأَلِفَ بَاءَ.. وَلَيْسَ هَذَا فَقَطْ.. بَلْ تُعَلِّمُهُمْ أَيْضًا اللُّغَاتِ الأَجْنَبِيَّةَ..

بأمر الوالي

فَرِحَ الوَالِي فَرَحًا شَدِيدًا، وَاتَّفَقَ مَعَ جُحَا أَنْ يَبْدَأَ بِتَعْلِيمِ الحِمَارِ..

وَاشْتَرَطَ جُحَا عَلَى الْوَالِي أَنْ يُتِمَّ تَعْلِيمَ الْحِمَارِ فِي غُرْفَةٍ تُعَدُّ خِصِّيصًا لِذَلِكَ دَاخِلَ قَصْرِ الْوَالِي نَفْسِهِ.. وَأَنْ يُعْطِيَهُ الْوَالِي مُهْلَةَ ثَلَاثِ سِنِينَ، وَأَنْ يُشَارِكَ الْوَالِي يَوْمِيًّا لِمُدَّةِ سَاعَةٍ كَامِلَةٍ فِي الْحِصَصِ الدِّرَاسِيَّةِ الَّتِي سَيُقَدِّمُهَا جُحَا لِلْحِمَارِ، وَأَنْ يُشَارِكَهُ فِي حَلِّ الْوَاجِبَاتِ..

فَوَافَقَ الْوَالِي تَقْدِيرًا مِنْهُ لِهَذَا الْمُعَلِّمِ الْقَدِيرِ.. وَقَرَّرَ صَرْفَ رَاتِبٍ لَهُ طَوَالَ هَذِهِ الْمُدَّةِ، مُعْلِنًا أَنَّهُ لَوْ نَجَحَ فِي تَعْلِيمِ الْحِمَارِ فَسَوْفَ يُعْطِيهِ جَائِزَةً كَبِيرَةً تَضْمَنُ لَهُ الْعَيْشَ بِثَرَاءٍ طَوَالَ حَيَاتِهِ..

وَحَذَّرَهُ مِنْ فَشَلِ مُهِمَّتِهِ قَائِلًا: لَوْ فَشِلْتَ يَا جُحَا فِي تَعْلِيمِ الْحِمَارِ فَسَوْفَ أَسْجُنُكَ وَأَضْرِبُكَ بِالسِّيَاطِ مَا دُمْتَ حَيًّا..

وَقَبِلَ جُحَا بِشَرْطِ الْوَالِي وَتَعَهَّدَ بِذَلِكَ أَمَامَ حَاشِيَتِهِ وَوُزَرَائِهِ الَّذِينَ اسْتَغْرَبُوا بِشِدَّةٍ هَذَا التَّهَوُّرَ مِنْ جُحَا، وَاعْتَبَرُوا عَمَلَهُ جُنُونًا..

فَلَمَّا خَرَجَ جُحَا مِنْ مَجْلِسِ الْوَالِي اسْتَوْقَفَهُ صَدِيقُهُ الْوَزِيرُ وَقَالَ لَهُ:

أكذا؟

أَيُّهَا الْأَحْمَقُ! كَيْفَ تَطْلُبُ لِنَفْسِكَ هَذِهِ الْمُهِمَّةَ؟ وَكَيْفَ تُوَافِقُ عَلَى شَرْطِ الْوَالِي؟ أَمَجْنُونٌ أَنْتَ؟

فَضَحِكَ جُحَا طَوِيلًا وَقَالَ: يا أَخِي فِي هَذِهِ السَّنَوَاتِ الْقَلِيلَةِ سَأَبْذُلُ جُهْدِي لِتَعْلِيمِ الْحِمَارِ.

فَإِنْ لَمْ يَتَعَلَّمْ، وَذَلِكَ مُؤَكَّدٌ فَسَوْفَ يَتَعَلَّمُ الْوَالِي، وَعِنْدَهَا سَيُمَيِّزُ بَيْنَ الْخَطَأِ وَالصَّوَابِ، وَأَكُونُ بِذَلِكَ قَدْ خَدَمْتُهُ وَخَدَمْتُ الْبَلْدَةَ كُلَّهَا.. أَمَّا إِذَا لَمْ يَتَعَلَّمْ أَحَدٌ مِنْهُمَا فَسَأَطْلُبُ تَجْدِيدَ الْمُهْلَةِ مُدَّعِيًا أَنَّ الْحِمَارَ بَدَأَ يَتَعَلَّمُ وَلَكِنَّ ذِهْنَهُ غَلِيظٌ وَيَحْتَاجُ لِفَتْرَةٍ زَمَنِيَّةٍ أَطْوَلَ.. وَفِي هَذِهِ الْفَتْرَةِ إِمَّا أَنْ أَجِنَّ أَنَا أَوْ يَنْتَهِيَ عُمْرِي فَأَمُوت، أَوْ يَتَعَلَّمَ الْوَالِي أَوْ يُجَنَّ، أَوْ يَنْتَهِي عُمْرُهُ فَيَمُوتَ، أَوْ يَمُوتَ الْحِمَارُ.. أَوْ تَقُومَ السَّاعَةُ فَنَمُوتَ جَمِيعًا..

وَرَاحَ صَدِيقُ جُحَا الوَزِيرُ يَضْحَكُ مِنْ أَعْمَاقِ قَلْبِهِ..
فَقَالَ جُحَا: قُلْ لِي الآنَ، مَنْ مِنَّا الأَحْمَقُ أَيُّهَا الذَّكِيُّ؟!

١ – هَلْ وَالِي الْبَلْدَةِ الَّتِي زَارَها جُحَا حَاكِمٌ عادِلٌ، وَلِمَاذَا؟

٢ – لِمَاذا غَضِبَ الْوَالِي وَأَمَرَ بِسَجْنِ الْعَالِمِ؟

٣ – لِمَاذا ذَهَبَ جُحَا إِلَى الْوَالِي؟

٤ – مَا الَّذِي فَعَلَهُ جُحَا؟

٥ – مَا الَّذِي يُسْتَفَادُ مِنْ هذِهِ الْقِصَّةِ؟